화엄경 제37권(십지품 제26-4) 해설

화엄경 제37권에서는 먼저 제5 염혜지에서부터 이어온 게송을 1-6p까지 설하고 금강장보살이 해탈월보살에게 말했다.

"제6현전지에 들어가려면 10종 평등법(6-8p)을 익히고 大悲心을 기르기 위하여 12인연을 구체적(兩面)으로 관해야 한다. 3계가 모두 한 마음에 의하여 이루어졌기 때문이다." (pp.9~12)
이렇게 해서 二種業을 통철하면 상속심이 끊어져서 저절로 무명이 밝아진다 하였다.(pp.14~30)

여기서 10심으로 부처님의 보리심을 따르면 二乘·異道에 대하여 두려움이 없어지고 3명6통을 얻어 끝없는 세계와 한 없는 세월을 한 생각 속에서 통찰할 수 있다(pp.31~38) 하고 다음과 같이 게송을 읊었다.

"菩薩圓滿五地已 ~ 唯願佛子爲宣說" (pp.39~58)

그리고 제7원행지에 들어가려면 10종 방편혜를 닦아 무량세계에 들어가 무량중생을 제도하게 된다 하였다.(pp.58~62) 그리고 그 공덕에 대하여 여러 가지로 말씀 한 다음, 다음과 같이 게송을 읊었다.

"第一義智三昧道 ~ 聲門獨覺無能知" (pp.96~108)

十地品 第二十六之四
십지품 제이십육지사

菩薩旣聞勝行
보살기문승행

其心歡喜雨妙華
기심환희우묘화

放淨光明散寶珠
방정광명산보주

供養如來稱善說
공양여래칭선설

百千天衆皆欣慶
백천천중개흔경

共在空中散衆寶
공재공중산중보

사경의 공덕은 십만억 부처님께 공양한 것과 같은 공덕이 있습니다.

華鬘瓔珞及幢幡
화만영락급당번

寶蓋塗香咸供佛
보개도향함공불

自在天王幷眷屬
자재천왕병권속

心生歡喜住空中
심생환희주공중

散寶成雲持供養
산보성운지공양

讚言佛子快宣說
찬언불자쾌선설

無量天女空中住
무량천녀공중주

共以樂音歌讚佛 (공이락음가찬불)
音中悉作如是言 (음중실작여시언)
佛語能除煩惱病 (불어능제번뇌병)
法性本寂無諸相 (법성본적무제상)
猶如虛空不分別 (유여허공불분별)
超諸取著絕言道 (초제취착절언도)
眞實平等常淸淨 (진실평등상청정)

若能通達諸法性 (약능통달제법성)
於有於無心不動 (어유어무심부동)
爲欲救世勤修行 (위욕구세근수행)
此佛口生眞佛子 (차불구생진불자)
不取衆相而行施 (불취중상이행시)
本絶諸惡堅持戒 (본절제악견지계)
解法無害常堪忍 (해법무해상감인)

知法性離具精進
지 법 성 리 구 정 진

已盡煩惱入諸禪
이 진 번 뇌 입 제 선

善達性空分別法
선 달 성 공 분 별 법

具足智力能博濟
구 족 지 력 능 박 제

滅除衆惡稱大士
멸 제 중 악 칭 대 사

如是妙音千萬種
여 시 묘 음 천 만 종

讚已默然瞻仰佛
찬 이 묵 연 첨 앙 불

解(해)脫(탈)月(월)語(어)金(금)剛(강)藏(장)
以(이)何(하)行(행)相(상)入(입)後(후)地(지)
爾(이)時(시)金(금)剛(강)藏(장)菩(보)薩(살)告(고)解(해)脫(탈)
月(월)菩(보)薩(살)言(언)佛(불)子(자)菩(보)薩(살)摩(마)訶(하)薩(살)
已(이)具(구)足(족)第(제)五(오)地(지)欲(욕)入(입)第(제)六(륙)現(현)
前(전)地(지)當(당)觀(관)察(찰)十(십)平(평)等(등)法(법)何(하)等(등)
爲(위)十(십)所(소)謂(위)一(일)切(체)法(법)無(무)相(상)故(고)平(평)

二 이	像 상	如 여	平 평	等 등	無 무	等 등
故 고	如 여	影 영	等 등	無 무	成 성	無 무
平 평	焰 염	如 여	寂 적	戲 희	故 고	體 체
等 등	如 여	響 향	靜 정	論 론	平 평	故 고
菩 보	化 화	如 여	故 고	故 고	等 등	平 평
薩 살	故 고	水 수	平 평	平 평	本 본	等 등
如 여	平 평	中 중	等 등	等 등	來 래	無 무
是 시	等 등	月 월	如 여	無 무	淸 청	生 생
觀 관	有 유	如 여	幻 환	取 취	淨 정	故 고
一 일	無 무	鏡 경	如 여	捨 사	故 고	平 평
切 체	不 불	中 중	夢 몽	故 고	平 평	等 등

法自性清淨隨順無違得入
법자성청정수순무위득입

第六現前地得明利隨順忍
제육현전지득명리수순인

未得無生法忍
미득무생법인

佛子此菩薩摩訶薩如是
불자차보살마하살여시

觀已復以大悲爲首大悲增
관이부이대비위수대비증

上大悲滿足觀世間生滅作
상대비만족관세간생멸작

是念世間受生皆由著我若
시념세간수생개유착아약

離此著則無生處
리차착즉무생처

復作是念凡夫無智執著
부작시념범부무지집착

於我常求有無不正思惟起
어아상구유무부정사유기

於妄行行於邪道罪行福行
어망행행어사도죄행복행

不動行積集增長於諸行中
부동행적집증장어제행중

植心種子有漏有取復起後
식심종자유루유취부기후

有生及老死所謂業爲田識
유생급로사소위업위전식

爲種無明暗覆愛水爲潤我
위종무명암복애수위윤아

慢溉灌見網增長生名色芽
만개관견망증장생명색아

名色增長生五根諸根相對
명색증장생오근제근상대

生觸觸對生受受後希求生
생촉촉대생수수후희구생

愛愛增長生取取增長生有
애애증장생취취증장생유

有生已於諸趣中起五蘊身
유생이어제취중기오온신

名生生已衰變爲老終歿爲
명생생이쇠변위로종몰위

死於老死時生諸熱惱因熱
사어로사시생제열뇌인열

惱故憂愁悲歎衆苦皆集此
뇌고우수비탄중고개집차

因緣故集無有集者任運而
인연고집무유집자임운이

滅亦無滅者菩薩如是隨順
멸역무멸자보살여시수순

觀察緣起之相
관찰연기지상

佛子此菩薩摩訶薩復作
불자차보살마하살부작

是念於第一義諦不了故名
시념어제일의제불료고명

無明所作業果是行行依止
무명소작업과시행행의지

初心是識與識共生四取蘊
초심시식여식공생사취온

爲名色名色增長爲六處根
위명색명색증장위륙처근

境識三事和合是觸觸共生
경식삼사화합시촉촉공생

有受於受染著是愛愛增長
유수어수염착시애애증장

是取取所起有漏業爲有從
시취취소기유루업위유종

業起蘊爲生蘊熟爲老蘊壞
업기온위생온숙위로온괴

爲(위) 死(사) 死(사) 時(시) 離(리) 別(별) 愚(우) 迷(미) 貪(탐) 戀(련) 心(심)

胸(흉) 煩(번) 悶(민) 爲(위) 愁(수) 涕(체) 泗(사) 咨(자) 嗟(차) 爲(위) 歎(탄)

在(재) 五(오) 根(근) 爲(위) 苦(고) 在(재) 意(의) 地(지) 爲(위) 憂(우) 憂(우)

苦(고) 轉(전) 多(다) 爲(위) 惱(뇌) 如(여) 是(시) 但(단) 有(유) 苦(고) 樹(수)

增(증) 長(장) 無(무) 我(아) 無(무) 我(아) 所(소) 無(무) 作(작) 無(무) 受(수)

者(자) 復(부) 作(작) 是(시) 念(념) 若(약) 有(유) 作(작) 者(자) 則(즉) 有(유)

作(작) 事(사) 若(약) 無(무) 作(작) 者(자) 亦(역) 無(무) 作(작) 事(사) 第(제)

一(일)義(의)中(중)俱(구)不(불)可(가)得(득)
佛(불)子(자)此(차)菩(보)薩(살)摩(마)訶(하)薩(살)復(부)作(작)
是(시)念(념)三(삼)界(계)所(소)有(유)唯(유)是(시)一(일)心(심)如(여)
來(래)於(어)此(차)分(분)別(별)演(연)說(설)十(십)二(이)有(유)支(지)
皆(개)依(의)一(일)心(심)如(여)是(시)而(이)立(립)何(하)以(이)故(고)
隨(수)事(사)貪(탐)欲(욕)與(여)心(심)共(공)生(생)心(심)是(시)識(식)
事(사)是(시)行(행)於(어)行(행)迷(미)惑(혹)是(시)無(무)明(명)與(여)

無明及心共生是名色名色
무명급심공생시명색명색

增長是六處六處三分合爲
증장시륙처륙처삼분합위

觸觸共生是受受無厭足是
촉촉공생시수수무염족시

愛愛攝不捨是取彼諸有支
애애섭불사시취피제유지

生是有有所起名生生熟爲
생시유유소기명생생숙위

老老壞爲死
로로괴위사

佛子此中無明有二種業
불자차중무명유이종업

一(일)令(령)衆(중)生(생)迷(미)於(어)所(소)緣(연)二(이)與(여)行(행)
作(작)生(생)起(기)因(인)行(행)亦(역)有(유)二(이)種(종)業(업)一(일)
能(능)生(생)未(미)來(래)報(보)二(이)與(여)識(식)作(작)生(생)起(기)
因(인)識(식)亦(역)有(유)二(이)種(종)業(업)一(일)令(령)諸(제)有(유)
相(상)續(속)二(이)與(여)名(명)色(색)作(작)生(생)起(기)因(인)名(명)
色(색)亦(역)有(유)二(이)種(종)業(업)一(일)互(호)相(상)助(조)成(성)
二(이)與(여)六(륙)處(처)作(작)生(생)起(기)因(인)六(륙)處(처)亦(역)

有二種業一各取自境界二
유이종업일각취자경계이

與觸作生起因觸亦有二種
여촉작생기인촉역유이종

業一能觸所緣二與受作生
업일능촉소연이여수작생

起因受亦有二種業一能領
기인수역유이종업일능령

受愛憎等事二與愛作生起
수애증등사이여애작생기

因愛亦有二種業一染著可
인애역유이종업일염착가

愛事二與取作生起因取亦
애사이여취작생기인취역

사경의 공덕은 십만억 부처님께 공양한 것과 같은 공덕이 있습니다.

有二種業一令諸煩惱相續
유이종업일령제번뇌상속

二與有作生起因有亦有二
이여유작생기인유역유이

種業一能令於餘趣中生二
종업일능령어여취중생이

與生作生起因生亦有二種
여생작생기인생역유이종

業一能起諸蘊二與老作生
업일능기제온이여로작생

起因老亦有二種業一令諸
기인로역유이종업일령제

根變異二與死作生起因死
근변이이여사작생기인사

사경의 공덕은 십만억 부처님께 공양한 것과 같은 공덕이 있습니다.

亦(역)有(유)二(이)種(종)業(업)一(일)能(능)壞(괴)諸(제)行(행)二(이)
不(불)覺(각)知(지)故(고)相(상)續(속)不(부)絶(절)
佛(불)子(자)此(차)中(중)無(무)明(명)緣(연)行(행)乃(내)至(지)
生(생)緣(연)老(로)死(사)者(자)由(유)無(무)明(명)乃(내)至(지)生(생)
爲(위)緣(연)令(령)行(행)乃(내)至(지)老(로)死(사)不(부)斷(단)助(조)
成(성)故(고)無(무)明(명)滅(멸)則(즉)行(행)滅(멸)乃(내)至(지)生(생)
滅(멸)則(즉)老(로)死(사)滅(멸)者(자)由(유)無(무)明(명)乃(내)至(지)

生不爲緣令諸行乃至老死
생불위연령제행내지로사

斷滅不助成故
단멸부조성고

佛子此中無明愛取不斷
불자차중무명애취부단

是煩惱道行有不斷是業道
시번뇌도행유부단시업도

餘分不斷是苦道前後際分
여분부단시고도전후제분

別滅三道斷如是三道離我
별멸삼도단여시삼도리아

我所但有生滅猶如束蘆
아소단유생멸유여속로

復次無明緣行者是觀過 부차무명연행자시관과
去識乃至受是觀現在愛乃 거식내지수시관현재애내
至有是觀未來於是以後展 지유시관미래어시이후전
轉相續無明滅行滅者是觀 전상속무명멸행멸자시관
待斷 대단

復次十二有支名爲三苦 부차십이유지명위삼고
此中無明行乃至六處是行 차중무명행내지육처시행

無 무	是 시	以 이	緣 연		明 명	苦 고
明 명	又 우	無 무	能 능	復 부	滅 멸	觸 촉
滅 멸	無 무	無 무	生 생	次 차	行 행	受 수
行 행	明 명	明 명	諸 제	無 무	滅 멸	是 시
滅 멸	緣 연	諸 제	行 행	明 명	者 자	苦 고
者 자	行 행	行 행	無 무	緣 연	是 시	苦 고
是 시	者 자	亦 역	明 명	行 행	三 삼	餘 여
滅 멸	是 시	無 무	滅 멸	者 자	苦 고	是 시
繫 계	生 생	餘 여	行 행	無 무	斷 단	壞 괴
縛 박	繫 계	亦 역	滅 멸	明 명		苦 고
餘 여	縛 박	如 여	者 자	因 인		無 무

亦如是又無明緣行者是隨
역여시우무명연행자시수

順無所有觀無明滅行滅者
순무소유관무명멸행멸자

是隨順盡滅觀餘亦如是
시수순진멸관여역여시

佛子菩薩摩訶薩如是十
불자보살마하살여시십

種逆順觀諸緣起所謂有支
종역순관제연기소위유지

相續故一心所攝故自業差
상속고일심소섭고자업차

別故不相捨離故三道不斷
별고불상사리고삼도부단

故觀過去現在未來故三苦
고관과거현재미래고삼고

聚集故因緣生滅故生滅繫
취집고인연생멸고생멸계

縛故無所有盡觀故
박고무소유진관고

佛子菩薩摩訶薩以如是
불자보살마하살이여시

十種相觀諸緣起知無我無
십종상관제연기지무아무

人無壽命自性空無作者無
인무수명자성공무작자무

受者卽得空解脫門現在前
수자즉득공해탈문현재전

사경의 공덕은 십만억 부처님께 공양한 것과 같은 공덕이 있습니다.

觀諸有支皆自性滅畢竟解 (관제유지개자성멸필경해)
脫無有少法相生卽時得無 (탈무유소법상생즉시득무)
相解脫門現在前如是入空 (상해탈문현재전여시입공)
無相已無有願求唯除大悲 (무상이무유원구유제대비)
爲首敎化衆生卽時得無願 (위수교화중생즉시득무원)
解脫門現在前菩薩如是修 (해탈문현재전보살여시수)
三解脫門離彼我想離作者 (삼해탈문리피아상리작자)

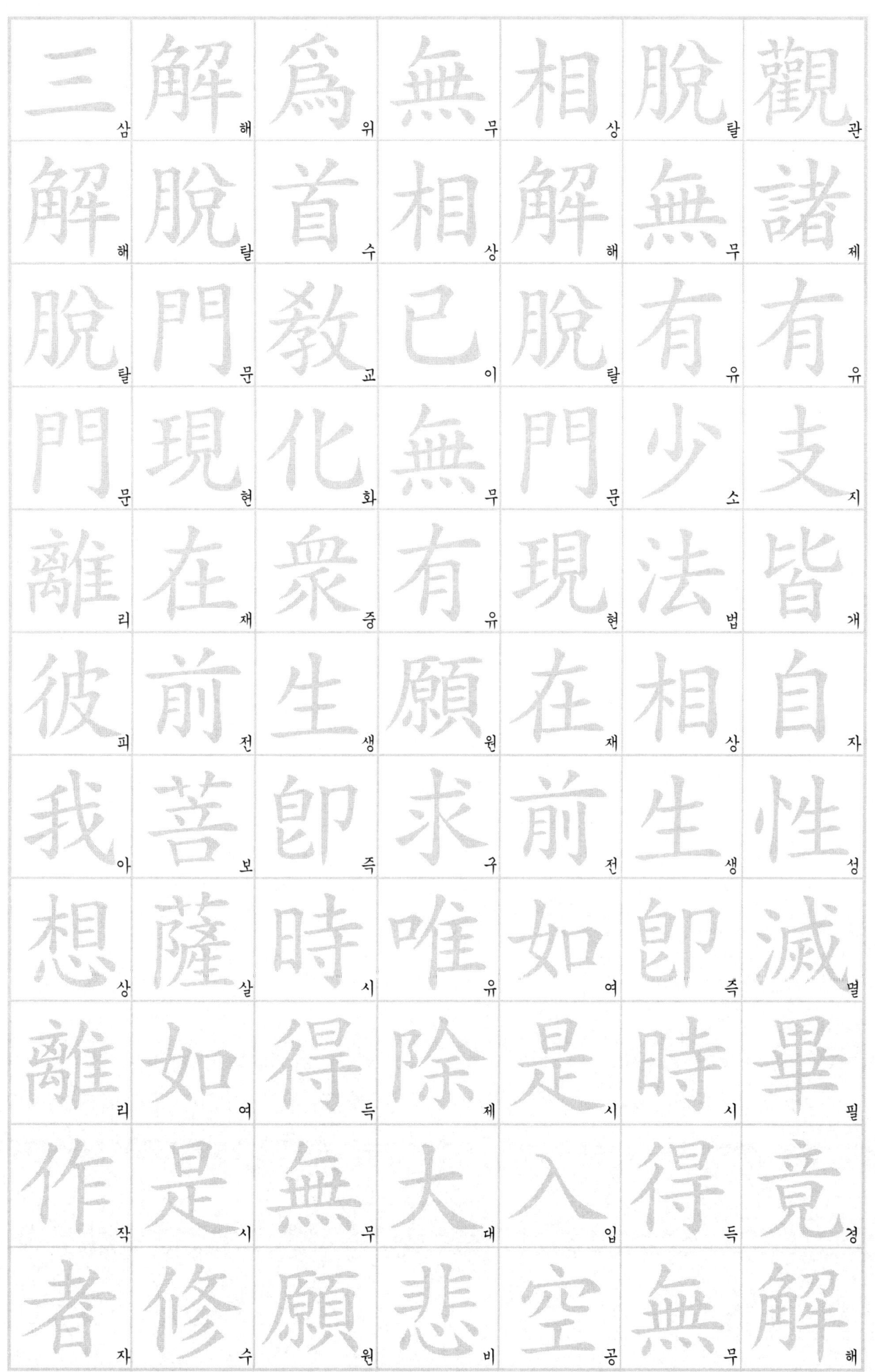

受(수) 者(자) 想(상) 離(리) 有(유) 無(무) 想(상)
佛(불) 子(자) 此(차) 菩(보) 薩(살) 摩(마) 訶(하) 薩(살) 大(대) 悲(비)
轉(전) 增(증) 精(정) 勤(근) 修(수) 習(습) 爲(위) 未(미) 滿(만) 菩(보) 提(리)
分(분) 法(법) 令(령) 圓(원) 滿(만) 故(고) 作(작) 是(시) 念(념) 一(일) 切(체)
有(유) 爲(위) 有(유) 和(화) 合(합) 則(즉) 轉(전) 無(무) 和(화) 合(합) 則(즉)
不(부) 轉(전) 緣(연) 集(집) 則(즉) 轉(전) 緣(연) 不(불) 集(집) 則(즉) 不(부)
轉(전) 我(아) 如(여) 是(시) 知(지) 有(유) 爲(위) 法(법) 多(다) 諸(제) 過(과)

사경의 공덕은 십만억 부처님께 공양한 것과 같은 공덕이 있습니다.

患(환)當(당)斷(단)此(차)和(화)合(합)因(인)緣(연)然(연)爲(위)成(성)
就(취)衆(중)生(생)故(고)亦(역)不(불)畢(필)竟(경)滅(멸)於(어)諸(제)
行(행)

佛(불)子(자)菩(보)薩(살)如(여)是(시)觀(관)察(찰)有(유)爲(위)
多(다)諸(제)過(과)患(환)無(무)有(유)自(자)性(성)不(불)生(생)不(불)
滅(멸)而(이)恒(항)起(기)大(대)悲(비)不(불)捨(사)衆(중)生(생)卽(즉)
得(득)般(반)若(야)波(바)羅(라)蜜(밀)現(현)前(전)名(명)無(무)障(장)

礙智光明成就如是智光明 (애지광명성취여시지광명)

已雖修習菩提分因緣而不 (이수수습보리분인연이불)

住有爲中雖觀有爲法自性 (주유위중수관유위법자성)

寂滅亦不住寂滅中以菩提 (적멸역부주적멸중이보리)

分法未圓滿故 (분법미원만고)

佛子菩薩住此現前地得 (불자보살주차현전지득)

入空三昧自性空三昧第一 (입공삼매자성공삼매제일)

無 무	千 천	得 득	三 삼	實 실	三 삼	義 의
相 상	空 공	如 여	昧 매	不 불	昧 매	空 공
十 십	三 삼	是 시	離 리	分 분	合 합	三 삼
無 무	昧 매	十 십	不 불	別 별	空 공	昧 매
願 원	皆 개	空 공	離 리	空 공	三 삼	第 제
三 삼	悉 실	三 삼	空 공	三 삼	昧 매	一 일
昧 매	現 현	昧 매	三 삼	昧 매	起 기	空 공
門 문	前 전	門 문	昧 매	不 불	空 공	三 삼
爲 위	如 여	爲 위	此 차	捨 사	三 삼	昧 매
首 수	是 시	首 수	菩 보	離 리	昧 매	大 대
百 백	十 십	百 백	薩 살	空 공	如 여	空 공

사경의 공덕은 십만억 부처님께 공양한 것과 같은 공덕이 있습니다.

千천 無무 相상 無무 願원 三삼 昧매 門문 皆개 悉실 現현
前전
佛불 子자 菩보 薩살 住주 此차 現현 前전 地지 復부
更갱 修수 習습 滿만 足족 不불 可가 壞괴 心심 決결 定정
心심 純순 善선 心심 甚심 深심 心심 不불 退퇴 轉전 心심
不불 休휴 息식 心심 廣광 大대 心심 無무 邊변 心심 求구
智지 心심 方방 便편 慧혜 相상 應응 心심 皆개 悉실 圓원

滿
만

佛子菩薩以此十心順佛
불자보살이차십심순불

菩提不懼異論入諸智地離
보리불구이론입제지지리

二乘道趣於佛智諸煩惱魔
이승도취어불지제번뇌마

無能沮壞住於菩薩智慧光
무능저괴주어보살지혜광

明於空無相無願法中皆善
명어공무상무원법중개선

修習方便智慧恒共相應菩
수습방편지혜항공상응보

사경의 공덕은 십만억 부처님께 공양한 것과 같은 공덕이 있습니다.

提(리)分(분)法(법)常(상)行(행)不(불)捨(사)佛(불)子(자)菩(보)薩(살)

住(주)此(차)現(현)前(전)地(지)中(중)得(득)般(반)若(야)波(바)羅(라)

蜜(밀)行(행)增(증)上(상)得(득)第(제)三(삼)明(명)利(리)順(순)忍(인)

以(이)於(어)諸(제)法(법)如(여)實(실)相(상)隨(수)順(순)無(무)違(위)

故(고)

佛(불)子(자)菩(보)薩(살)住(주)此(차)現(현)前(전)地(지)已(이)

以(이)願(원)力(력)故(고)得(득)見(견)多(다)佛(불)所(소)謂(위)見(견)

多百佛乃至見多百千億那 (다백불내지견다백천억나)
由他佛悉以廣大心深心供 (유타불실이광대심심심공)
養恭敬尊重讚歎衣服飲食 (양공경존중찬탄의복음식)
臥具湯藥一切資生悉以奉 (와구탕약일체자생실이봉)
施亦以供養一切衆僧以此 (시역이공양일체중승이차)
善根迴向阿耨多羅三藐三 (선근회향아뇩다라삼먁삼)
菩提於諸佛所恭敬聽法聞 (보리어제불소공경청법문)

已受持得如實三昧智慧光
이수지득여실삼매지혜광

明隨順修行憶持不捨又得
명수순수행억지불사우득

諸佛甚深法藏經於百劫經
제불심심법장경어백겁경

於千劫乃至無量百千億那
어천겁내지무량백천억나

由他劫所有善根轉更明淨
유타겁소유선근전갱명정

譬如眞金以毘瑠璃寶數
비여진금이비류리보수

數磨瑩轉更明淨此地菩薩
수마영전갱명정차지보살

所(소)有(유)善(선)根(근)亦(역)復(부)如(여)是(시)以(이)方(방)便(편)
慧(혜)隨(수)逐(축)觀(관)察(찰)轉(전)更(갱)明(명)淨(정)轉(전)復(부)
寂(적)滅(멸)無(무)能(능)映(영)蔽(폐)譬(비)如(여)月(월)光(광)照(조)
衆(중)生(생)身(신)令(령)得(득)淸(청)涼(량)四(사)種(종)風(풍)輪(륜)
所(소)不(불)能(능)壞(괴)此(차)地(지)菩(보)薩(살)所(소)有(유)善(선)
根(근)亦(역)復(부)如(여)是(시)能(능)滅(멸)無(무)量(량)百(백)千(천)
億(억)那(나)由(유)他(타)衆(중)生(생)煩(번)惱(뇌)熾(치)火(화)四(사)

種(종)魔(마)道(도)所(소)不(불)能(능)壞(괴)此(차)菩(보)薩(살)十(십)
波(바)羅(라)蜜(밀)中(중)般(반)若(야)波(바)羅(라)蜜(밀)偏(변)多(다)
餘(여)非(비)不(불)修(수)但(단)隨(수)力(력)隨(수)分(분)佛(불)子(자)
是(시)名(명)略(략)說(설)菩(보)薩(살)摩(마)訶(하)薩(살)第(제)六(륙)
現(현)前(전)地(지)

菩(보)薩(살)住(주)此(차)地(지)多(다)作(작)善(선)化(화)天(천)
王(왕)所(소)作(작)自(자)在(재)一(일)切(체)聲(성)聞(문)所(소)有(유)

首 수	是 시	具 구	業 업	利 리	滅 멸	問 문
爲 위	念 념	足 족	皆 개	行 행	我 아	難 난
勝 승	我 아	一 일	不 불	同 동	慢 만	無 무
乃 내	當 당	切 체	離 리	事 사	深 심	能 능
至 지	於 어	種 종	念 념	如 여	入 입	退 퇴
爲 위	一 일	一 일	佛 불	是 시	緣 연	屈 굴
一 일	切 체	切 체	乃 내	一 일	起 기	能 능
切 체	衆 중	智 지	至 지	切 체	布 보	令 령
智 지	生 생	智 지	不 불	諸 제	施 시	衆 중
智 지	中 중	復 부	離 리	所 소	愛 애	生 생
依 의	爲 위	作 작	念 념	作 작	語 어	除 제

止者此菩薩若勤行精進於
지자차보살약근행정진어

一念頃得百千億三昧乃至
일념경득백천억삼매내지

示現百千億菩薩以爲眷屬
시현백천억보살이위권속

若以願力自在示現過於此
약이원력자재시현과어차

數乃至百千億那由他劫不
수내지백천억나유타겁불

能數數知
능수수지

爾時金剛藏菩薩欲重宣
이시금강장보살욕중선

其義而說頌曰
기의이설송왈

菩薩圓滿五地已
보살원만오지이

觀法無相亦無性
관법무상역무성

無生無滅本淸淨
무생무멸본청정

無有戲論無取捨
무유희론무취사

體相寂滅如幻等
체상적멸여환등

有無不二離分別
유무불이리분별

隨順法性如是觀
수순법성여시관

此智得成入六地
차지득성입육지

明利順忍智具足
명리순인지구족

觀察世間生滅相
관찰세간생멸상

以癡暗力世間生
이치암력세간생

若滅癡暗世無有
약멸치암세무유

觀諸因緣實義空
관제인연실의공

不壞假名和合用
불괴가명화합용

無作無受無思念
무작무수무사념

諸行如雲徧興起
제행여운변흥기

不知眞諦名無明
부지진제명무명

所作思業愚癡果
소작사업우치과

識起共生是名色
식기공생시명색

如是乃至衆苦聚
여시내지중고취

사경의 공덕은 십만억 부처님께 공양한 것과 같은 공덕이 있습니다.

了達三界依心有
요달삼계의심유

十二因緣亦復然
십이인연역부연

生死皆由心所作
생사개유심소작

心若滅者生死盡
심약멸자생사진

無明所作有二種
무명소작유이종

緣中不了爲行因
연중불료위행인

如是乃至老終歿
여시내지로종몰

從此苦生無有盡 (종차고생무유진)
無明爲緣不可斷 (무명위연불가단)
彼緣若盡悉皆滅 (피연약진실개멸)
愚癡愛取煩惱支 (우치애취번뇌지)
行有是業餘皆苦 (행유시업여개고)
癡至六處是行苦 (치지륙처시행고)
觸受增長是苦苦 (촉수증장시고고)

所餘有支是壞苦 (소여유지시괴고)
若見無我三苦滅 (약견무아삼고멸)
無明與行爲過去 (무명여행위과거)
識至於受現在轉 (식지어수현재전)
愛取有生未來苦 (애취유생미래고)
觀待若斷邊際盡 (관대약단변제진)
無明爲緣是生縛 (무명위연시생전)

於緣得離縛乃盡
어연득리박내진

從因生果離則斷
종인생과리즉단

觀察於此知性空
관찰어차지성공

隨順無明起諸有
수순무명기제유

若不隨順諸有斷
약불수순제유단

此有彼有無亦然
차유피유무역연

十種思惟心離著
십종사유심리착

有支相續一心攝
유지상속일심섭

自業不離及三道
자업불리급삼도

三際三苦因緣生
삼제삼고인연생

繫縛起滅順無盡
계박기멸순무진

如是普觀緣起行
여시보관연기행

無作無受無眞實
무작무수무진실

如幻如夢如光影
여환여몽여광영

亦如愚夫逐陽焰
역여우부축양염

如是觀察入於空
여시관찰입어공

知緣性離得無相
지연성리득무상

了其虛妄無所願
요기허망무소원

唯除慈愍爲衆生
유제자민위중생

大士修行解脫門
대사수행해탈문

轉益大悲求佛法
전익대비구불법

知諸有爲和合作 (지제유위화합작)
志樂決定勤行道 (지락결정근행도)
空三昧門具百千 (공삼매문구백천)
無相無願亦復然 (무상무원역부연)
般若順忍皆增上 (반야순인개증상)
解脫智慧得成滿 (해탈지혜득성만)
復以深心多供佛 (부이심심다공불)

於佛教中修習道
어불교중수습도

得佛法藏增善根
득불법장증선근

如金瑠璃所磨瑩
여금류리소마영

如月清涼被衆物
여월청량피중물

四風來觸無能壞
사풍래촉무능괴

此地菩薩超魔道
차지보살초마도

亦息群生煩惱熱
역식군생번뇌열

사경의 공덕은 십만억 부처님께 공양한 것과 같은 공덕이 있습니다.

此地多作善化王
차지다작선화왕

化導衆生除我慢
화도중생제아만

所作皆求一切智
소작개구일체지

悉已超勝聲聞道
실이초승성문도

此地菩薩勤精進
차지보살근정진

獲諸三昧百千億
획제삼매백천억

亦見若干無量佛
역견약간무량불

譬如盛夏空中日
비여성하공중일

甚深微妙難見知
심심미묘난견지

聲聞獨覺無能了
성문독각무능료

如是菩薩第六地
여시보살제륙지

我爲佛子已宣說
아위불자이선설

是時天衆心歡喜
시시천중심환희

散寶成雲在空住
산보성운재공주

普發種種妙音聲
보발종종묘음성

告於最勝淸淨者
고어최승청정자

了達勝義智自在
요달승의지자재

成就功德百千億
성취공덕백천억

人中蓮華無所著
인중연화무소착

爲利群生演深行
위리군생연심행

自在天王在空中
자재천왕재공중

放大光明照佛身
방대광명조불신

亦散最上妙香雲
역산최상묘향운

普供除憂煩惱者
보공제우번뇌자

爾時天衆皆歡喜
이시천중개환희

悉發美音同讚述
실발미음동찬술

我等聞斯地功德
아등문사지공덕

則爲已獲大善利
즉위이획대선리

사경의 공덕은 십만억 부처님께 공양한 것과 같은 공덕이 있습니다.

天女是時心慶悅 (천녀시시심경열)

競奏樂音千萬種 (경주락음천만종)

悉以如來神力故 (실이여래신력고)

音中共作如是言 (음중공작여시언)

威儀寂靜最無比 (위의적정최무비)

能調難調世應供 (능조난조세응공)

已超一切諸世間 (이초일체제세간)

而行於世闡妙道
이행어세천묘도

雖現種種無量身
수현종종무량신

知身一一無所有
지신일일무소유

巧以言辭說諸法
교이언사설제법

不取文字音聲相
불취문자음성상

往詣百千諸國土
왕예백천제국토

以諸上供供養佛
이제상공공양불

智慧自在無所著
지혜자재무소착

不生於我佛國想
불생어아불국상

雖勤教化諸衆生
수근교화제중생

而無彼己一切心
이무피기일체심

雖已修成廣大善
수이수성광대선

而於善法不生著
이어선법불생착

以見一切諸世間
이견일체제세간

사경의 공덕은 십만억 부처님께 공양한 것과 같은 공덕이 있습니다.

貪恚癡火常熾然
탐에치화상치연

於諸想念悉皆離
어제상념실개리

發起大悲精進力
발기대비정진력

一切諸天及天女
일체제천급천녀

種種供養稱讚已
종종공양칭찬이

悉共同時默然住
실공동시묵연주

瞻仰人尊願聞法
첨앙인존원문법

時解脫月復請言
시해탈월부청언

此諸大衆心淸淨
차제대중심청정

第七地中諸行相
제칠지중제행상

唯願佛子爲宣說
유원불자위선설

爾時金剛藏菩薩告解脫
이시금강장보살고해탈

月菩薩言佛子菩薩摩訶薩
월보살언불자보살마하살

具足第六地行已欲入第七
구족제육지행기욕입제칠

사경의 공덕은 십만억 부처님께 공양한 것과 같은 공덕이 있습니다.

而 이	門 문	而 이	不 불	修 수	殊 수	遠 원
莊 장	而 이	樂 락	捨 사	空 공	勝 승	行 행
嚴 엄	勤 근	常 상	衆 중	無 무	道 도	地 지
三 삼	集 집	供 공	生 생	相 상	何 하	當 당
界 계	福 복	養 양	雖 수	無 무	等 등	修 수
雖 수	德 덕	佛 불	得 득	願 원	爲 위	十 십
畢 필	雖 수	雖 수	諸 제	三 삼	十 십	種 종
竟 경	遠 원	入 입	佛 불	昧 매	所 소	方 방
寂 적	離 리	觀 관	平 평	而 이	謂 위	便 편
滅 멸	三 삼	空 공	等 등	慈 자	雖 수	慧 혜
諸 제	界 계	智 지	法 법	悲 비	善 선	起 기

煩(번)惱(뇌)焰(염)而(이)能(능)爲(위)一(일)切(체)衆(중)生(생)起(기)

滅(멸)貪(탐)瞋(진)癡(치)煩(번)惱(뇌)焰(염)雖(수)知(지)諸(제)法(법)

如(여)幻(환)如(여)夢(몽)如(여)影(영)如(여)響(향)如(여)焰(염)如(여)

化(화)如(여)水(수)中(중)月(월)如(여)鏡(경)中(중)像(상)自(자)性(성)

無(무)二(이)而(이)隨(수)心(심)作(작)業(업)無(무)量(량)差(차)別(별)

雖(수)知(지)一(일)切(체)國(국)土(토)猶(유)如(여)虛(허)空(공)而(이)

能(능)以(이)淸(청)淨(정)妙(묘)行(행)莊(장)嚴(엄)佛(불)土(토)雖(수)

知諸佛法身本性無身而以
지제불법신본성무신이이

相好莊嚴其身雖知諸佛音
상호장엄기신수지제불음

聲性空寂滅不可言說而能
성성공적멸불가언설이능

隨一切衆生出種種差別清
수일체중생출종종차별청

淨音聲雖隨諸佛了知三世
정음성수수제불료지삼세

唯是一念而隨衆生意解分
유시일념이수중생의해분

別以種種相種種時種種劫
별이종종상종종시종종겁

사경의 공덕은 십만억 부처님께 공양한 것과 같은 공덕이 있습니다.

數而修諸行 (수이수제행)

菩薩以如是十種方便慧 (보살이여시십종방편혜)

起殊勝行從第六地入第七 (기수승행종제륙지입제칠)

地入已此行常現在前名爲 (지입이차행상현재전명위)

住第七遠行地 (주제칠원행지)

佛子菩薩摩訶薩住此第 (불자보살마하살주차제)

七地已入無量衆生界入無 (칠지이입무량중생계입무)

量(량) 諸(제) 佛(불) 教(교) 化(화) 衆(중) 生(생) 業(업) 入(입) 無(무) 量(량)

世(세) 界(계) 網(망) 入(입) 無(무) 量(량) 諸(제) 佛(불) 淸(청) 淨(정) 國(국)

土(토) 入(입) 無(무) 量(량) 種(종) 種(종) 差(차) 別(별) 法(법) 入(입) 無(무)

量(량) 諸(제) 佛(불) 現(현) 覺(각) 智(지) 入(입) 無(무) 量(량) 劫(겁) 數(수)

入(입) 無(무) 量(량) 諸(제) 佛(불) 覺(각) 了(료) 三(삼) 世(세) 智(지) 入(입)

無(무) 量(량) 衆(중) 生(생) 差(차) 別(별) 信(신) 解(해) 入(입) 無(무) 量(량)

諸(제) 佛(불) 示(시) 現(현) 種(종) 種(종) 名(명) 色(색) 身(신) 入(입) 無(무)

사경의 공덕은 십만억 부처님께 공양한 것과 같은 공덕이 있습니다.

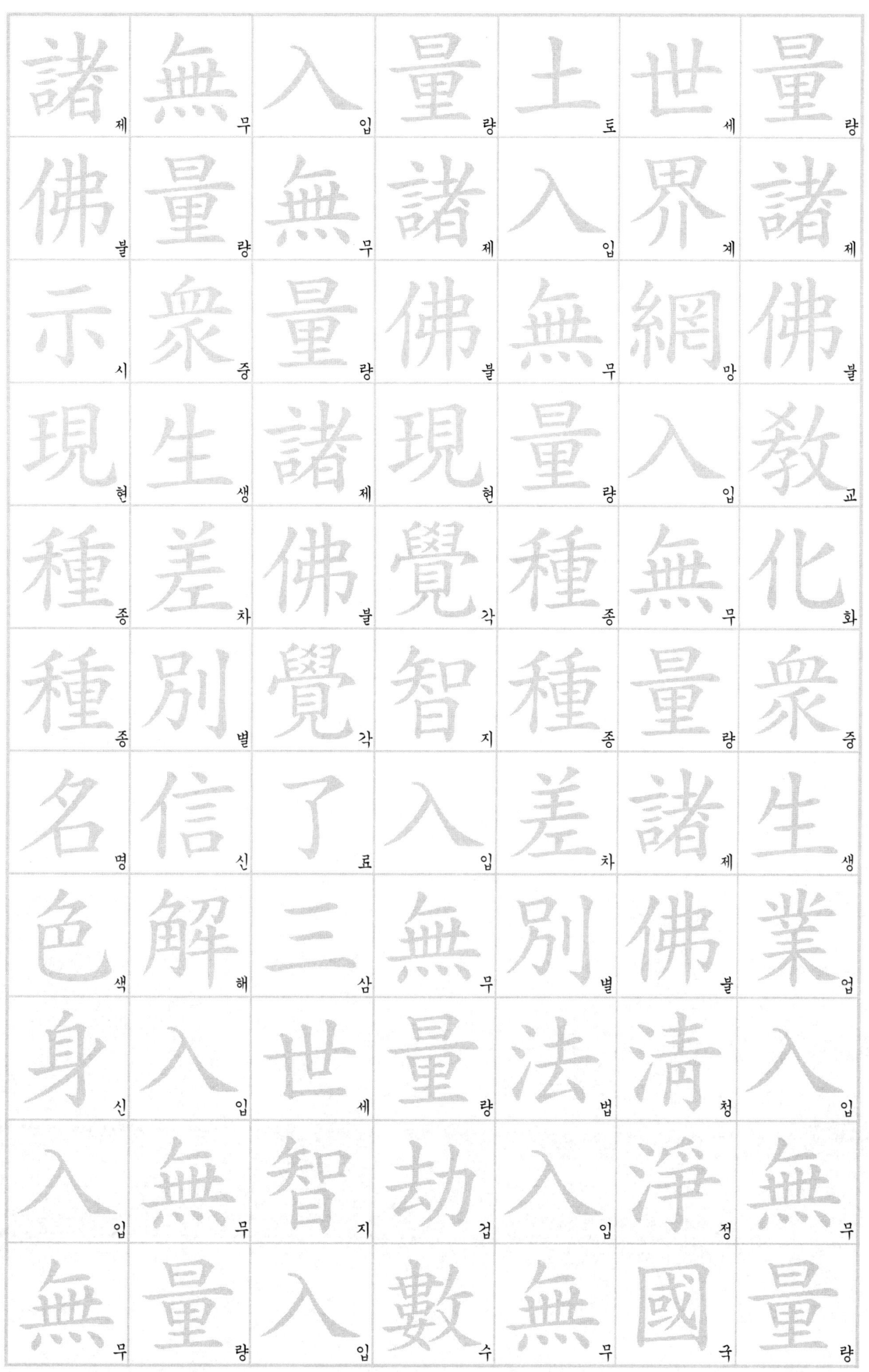

佛 불	說 설	量 량	無 무	喜 희	量 량	量 량
所 소	智 지	聲 성	量 량	入 입	諸 제	衆 중
成 성	道 도	聞 문	諸 제	無 무	佛 불	生 생
就 취	令 령	乘 승	佛 불	量 량	語 어	欲 욕
入 입	信 신	信 신	了 료	衆 중	言 언	樂 락
無 무	解 해	解 해	知 지	生 생	音 음	諸 제
量 량	入 입	入 입	廣 광	種 종	聲 성	根 근
諸 제	無 무	無 무	大 대	種 종	令 령	差 차
佛 불	量 량	量 량	智 지	心 심	衆 중	別 별
說 설	辟 벽	諸 제	入 입	行 행	生 생	入 입
甚 심	支 지	佛 불	無 무	入 입	歡 환	無 무

深智慧門令趣入入無量諸
심지혜문령취입입무량제

菩薩方便行入無量諸佛所
보살방편행입무량제불소

說大乘集成事令菩薩得入
설대승집성사령보살득입

此菩薩作是念如是無量如
차보살작시념여시무량여

來境界乃至於百千億那由
래경계내지어백천억나유

他劫不能得知
타겁불능득지

我悉應以無功用無分別
아실응이무공용무분별

사경의 공덕은 십만억 부처님께 공양한 것과 같은 공덕이 있습니다.

心成就圓滿佛子此菩薩以
심성취원만불자차보살이

深智慧如是觀察常勤修習
심지혜여시관찰상근수습

方便慧起殊勝道安住不動
방편혜기수승도안주부동

無有一念休息廢捨行住坐
무유일념휴식폐사행주좌

臥乃至睡夢未曾暫與蓋障
와내지수몽미증잠여개장

相應常不捨於如是想念
상응상불사어여시상념

此菩薩於念念中常能具
차보살어념념중상능구

是 시	波 바	滅 멸	與 여	智 지	以 이	足 족
名 명	羅 라	一 일	衆 중	故 고	大 대	十 십
羼 찬	蜜 밀	切 체	生 생	所 소	悲 비	波 바
提 제	慈 자	諸 제	是 시	有 유	爲 위	羅 라
波 바	悲 비	煩 번	名 명	善 선	首 수	蜜 밀
羅 라	爲 위	惱 뇌	檀 단	根 근	修 수	何 하
蜜 밀	首 수	熱 열	那 나	爲 위	行 행	以 이
求 구	不 불	是 시	波 바	求 구	佛 불	故 고
勝 승	損 손	名 명	羅 라	佛 불	法 법	念 념
善 선	衆 중	尸 시	蜜 밀	智 지	向 향	念 념
法 법	生 생	羅 라	能 능	施 시	佛 불	皆 개

無有厭足是名毘梨耶波羅
무유염족시명비리야바라

蜜一切智道常現在前未嘗
밀일체지도상현재전미상

散亂是名禪那波羅蜜能忍
산란시명선나바라밀능인

諸法無生無滅是名般若波
제법무생무멸시명반야바

羅蜜能出生無量智是名方
라밀능출생무량지시명방

便波羅蜜能求上上勝智是
편바라밀능구상상승지시

名願波羅蜜一切異論及諸
명원바라밀일체이론급제

魔衆無能沮壞是名力波羅
마중무능저괴시명력바라

蜜如實了知一切法是名智
밀여실료지일체법시명지

波羅蜜佛子此十波羅蜜菩
바라밀불자차십바라밀보

薩於念念中皆得具足如是
살어념념중개득구족여시

四攝四持三十七品三解脫
사섭사지삼십칠품삼해탈

門略說乃至一切菩提分法
문약설내지일체보리분법

於念念中皆悉圓滿
어념념중개실원만

爾(이)時(시)解(해)脫(탈)月(월)菩(보)薩(살)問(문)金(금)剛(강)

藏菩(보)薩(살)言(언)佛(불)子(자)菩(보)薩(살)但(단)於(어)此(차)

第(제)七(칠)地(지)中滿(만)足(족)一(일)切(체)菩(보)提(리)分(분)

法(법)爲(위)諸(제)地(지)中(중)亦(역)能(능)滿(만)足(족)

金(금)剛(강)藏菩(보)薩(살)言(언)佛(불)子(자)菩(보)薩(살)

於(어)十(십)地(지)中(중)皆(개)能(능)滿(만)足(족)菩(보)提(리)分(분)

法然(연)第(제)七(칠)地(지)最(최)爲(위)殊(수)勝(승)何(하)以(이)

故此第七地功用行滿得入
고차제칠지공용행만득입

智慧自在行故
지혜자재행고

佛子菩薩於初地中緣一
불자보살어초지중연일

切佛法願求故滿足菩提分
체불법원구고만족보리분

法第二地離心垢故第三地
법제이지리심구고제삼지

願轉增長得法光明故第四
원전증장득법광명고제사

地入道故第五地順世所作
지입도고제오지순세소작

故(고) 第(제) 六(육) 地(지) 入(입) 甚(심) 深(심) 法(법) 門(문) 故(고) 第(제)
七(칠) 地(지) 起(기) 一(일) 切(체) 佛(불) 法(법) 故(고) 皆(개) 亦(역) 滿(만)
足(족) 菩(보) 提(리) 分(분) 法(법) 何(하) 以(이) 故(고) 菩(보) 薩(살) 從(종)
初(초) 地(지) 乃(내) 至(지) 第(제) 七(칠) 地(지) 成(성) 就(취) 智(지) 功(공)
用(용) 分(분) 以(이) 此(차) 力(력) 故(고) 從(종) 第(제) 八(팔) 地(지) 乃(내)
至(지) 第(제) 十(십) 地(지) 無(무) 功(공) 用(용) 行(행) 皆(개) 悉(실) 成(성)
就(취)

佛(불)子(자)譬(비)如(여)有(유)二(이)世(세)界(계)一(일)處(처)
雜(잡)染(염)一(일)處(처)純(순)淨(정)是(시)二(이)中(중)間(간)難(난)
可(가)得(득)過(과)唯(유)除(제)菩(보)薩(살)有(유)大(대)方(방)便(편)
神(신)通(통)願(원)力(력)佛(불)子(자)菩(보)薩(살)諸(제)地(지)亦(역)
復(부)如(여)是(시)有(유)雜(잡)染(염)行(행)有(유)清(청)淨(정)行(행)
是(시)二(이)中(중)間(간)難(난)可(가)得(득)過(과)唯(유)除(제)菩(보)
薩(살)有(유)大(대)願(원)力(력)方(방)便(편)智(지)慧(혜)乃(내)能(능)

사경의 공덕은 십만억 부처님께 공양한 것과 같은 공덕이 있습니다.

得(득) 過(과)

解(해) 脫(탈) 月(월) 菩(보) 薩(살) 言(언) 佛(불) 子(자) 此(차) 七(칠)

地(지) 菩(보) 薩(살) 爲(위) 是(시) 染(염) 行(행) 爲(위) 是(시) 淨(정) 行(행)

金(금) 剛(강) 藏(장) 菩(보) 薩(살) 言(언) 佛(불) 子(자) 從(종) 初(초) 地(지)

至(지) 七(칠) 地(지) 所(소) 行(행) 諸(제) 行(행) 皆(개) 捨(사) 離(리) 煩(번)

惱(뇌) 業(업) 以(이) 迴(회) 向(향) 無(무) 上(상) 菩(보) 提(리) 故(고) 分(분)

得(득) 平(평) 等(등) 道(도) 故(고) 然(연) 未(미) 名(명) 爲(위) 超(초) 煩(번)

惱(뇌)行(행)佛(불)子(자)譬(비)如(여)轉(전)輪(륜)聖(성)王(왕)乘(승)
天(천)象(상)寶(보)遊(유)四(사)天(천)下(하)知(지)有(유)貧(빈)窮(궁)
困(곤)苦(고)之(지)人(인)而(이)不(불)爲(위)彼(피)衆(중)患(환)所(소)
染(염)然(연)未(미)名(명)爲(위)超(초)過(과)人(인)位(위)若(약)捨(사)
王(왕)身(신)生(생)於(어)梵(범)世(세)乘(승)天(천)宮(궁)殿(전)見(견)
千(천)世(세)界(계)遊(유)千(천)世(세)界(계)示(시)現(현)梵(범)天(천)
光(광)明(명)威(위)德(덕)爾(이)乃(내)名(명)爲(위)超(초)過(과)人(인)

地 지	若 약	失 실	患 환	遊 유	初 초	位 위
入 입	捨 사	所 소	以 이	行 행	地 지	佛 불
第 제	一 일	染 염	乘 승	世 세	至 지	子 자
八 팔	切 체	然 연	正 정	間 간	於 어	菩 보
地 지	有 유	未 미	道 도	知 지	七 칠	薩 살
乘 승	功 공	名 명	故 고	諸 제	地 지	亦 역
菩 보	用 용	爲 위	不 불	世 세	乘 승	復 부
薩 살	行 행	超 초	爲 위	間 간	波 바	如 여
淸 청	從 종	煩 번	煩 번	煩 번	羅 라	是 시
淨 정	第 제	惱 뇌	惱 뇌	惱 뇌	蜜 밀	始 시
乘 승	七 칠	行 행	過 과	過 과	乘 승	從 종

遊(유)行(행)世(세)間(간)知(지)煩(번)惱(뇌)過(과)失(실)不(불)爲(위)

所(소)染(염)爾(이)乃(내)名(명)爲(위)超(초)煩(번)惱(뇌)行(행)以(이)

得(득)一(일)切(체)盡(진)超(초)過(과)故(고)

佛(불)子(자)此(차)第(제)七(칠)地(지)菩(보)薩(살)盡(진)超(초)

過(과)多(다)貪(탐)等(등)諸(제)煩(번)惱(뇌)衆(중)住(주)此(차)地(지)

不(불)名(명)有(유)煩(번)惱(뇌)者(자)不(불)名(명)無(무)煩(번)惱(뇌)

者(자)何(하)以(이)故(고)一(일)切(체)煩(번)惱(뇌)不(불)現(현)行(행)

故不名有者求如來智心未 (고불명유자구여래지심미)
滿故不名無者 (만고불명무자)
佛子菩薩住此第七地以 (불자보살주차제칠지이)
深淨心成就身業成就語業 (심정심성취신업성취어업)
成就意業所有一切善業 (성취의업소유일체선업)
道如來所訶皆已捨離一切 (도여래소가개이사리일체)
善業如來所讚常善修行世 (선업여래소찬상선수행세)

間所有經書技術如五地中
간 소 유 경 서 기 술 여 오 지 중

說皆自然而行不假功用此
설 개 자 연 이 행 불 가 공 용 차

菩薩於三千大千世界中爲
보 살 어 삼 천 대 천 세 계 중 위

大明師唯除如來及八地已
대 명 사 유 제 여 래 급 팔 지 이

上其餘菩薩深心妙行無與
상 기 여 보 살 심 심 묘 행 무 여

等者諸禪三昧三摩鉢底神
등 자 제 선 삼 매 삼 마 발 저 신

通解脫皆得現前然是修成
통 해 탈 개 득 현 전 연 시 수 성

非如八地報得成就此地菩
비여팔지보득성취차지보

薩於念念中具足修集方便
살어념념중구족수집방편

智力及一切菩提分法轉勝
지력급일체보리분법전승

圓滿
원만

佛子菩薩住此地入菩薩
불자보살주차지입보살

善觀擇三昧善擇義三昧最
선관택삼매선택의삼매최

勝慧三昧分別義藏三昧如
승혜삼매분별의장삼매여

實分別義三昧善住堅固根
실분별의삼매선주견고근

三昧智慧神通門三昧法界
삼매지혜신통문삼매법계

業三昧如來勝利三昧種種
업삼매여래승리삼매종종

義藏生死涅槃門三昧入如
의장생사열반문삼매입여

是等具足大智神通門百萬
시등구족대지신통문백만

三昧淨治此地是菩薩得此
삼매정치차지시보살득차

三昧善治淨方便慧故大悲
삼매선치정방편혜고대비

力故超過二乘地得觀察智
력고초과이승지득관찰지

慧地
혜지

佛子菩薩住此地善淨無
불자보살주차지선정무

量身業無相行善淨無量語
량신업무상행선정무량어

業無相行善淨無量意業無
업무상행선정무량의업무

相行故得無生法忍光明
상행고득무생법인광명

解脫月菩薩言佛子菩薩
해탈월보살언불자보살

從初地來所有無量身語意
종 초 지 래 소 유 무 량 신 어 의

業豈不超過二乘金剛藏
업 기 불 초 과 이 승 금 강

菩薩言佛子彼悉超過然但
보 살 언 불 자 피 실 초 과 연 단

以願求諸佛法故非是自智
이 원 구 제 불 법 고 비 시 자 지

觀察之力今第七地自智力
관 찰 지 력 금 제 칠 지 자 지 력

故一切二乘所不能及譬如
고 일 체 이 승 소 불 능 급 비 여

王子生在王家王后所生具
왕 자 생 재 왕 가 왕 후 소 생 [illegible]

以 이	過 과	初 초	一 일	大 대	但 단	足 족
自 자	一 일	發 발	切 체	藝 예	以 이	王 왕
所 소	切 체	心 심	菩 보	業 업	王 왕	相 상
行 행	聲 성	時 시	薩 살	悉 실	力 력	生 생
智 지	聞 문	以 이	摩 마	成 성	非 비	已 이
慧 혜	獨 독	志 지	訶 하	乃 내	是 시	卽 즉
力 력	覺 각	求 구	薩 살	以 이	自 자	勝 승
故 고	今 금	大 대	亦 역	自 자	力 력	一 일
出 출	住 주	法 법	復 부	力 력	若 약	切 체
過 과	此 차	故 고	如 여	超 초	身 신	臣 신
一 일	地 지	超 초	是 시	過 과	長 장	衆 중

切二乘之上
체이승지상

佛子菩薩住此第七地得
불자보살주차제칠지득

甚深遠離無行常行身語意
심심원리무행상행신어의

業勤求上道而不捨離是故
업근구상도이불사리시고

菩薩雖行實際而不作證
보살수행실제이부작증

解脫月菩薩言佛子菩薩
해탈월보살언불자보살

從何地來能入滅定金剛藏
종하지래능입멸정금강장

사경의 공덕은 십만억 부처님께 공양한 것과 같은 공덕이 있습니다.

巧 교	證 증	身 신	此 차	念 념	來 래	菩 보
力 력	譬 비	語 어	菩 보	入 입	能 능	薩 살
不 불	如 여	意 의	薩 살	亦 역	入 입	言 언
遭 조	有 유	業 업	名 명	念 념	滅 멸	佛 불
水 수	人 인	行 행	爲 위	念 념	定 정	子 자
難 난	乘 승	於 어	成 성	起 기	今 금	菩 보
此 차	船 선	實 실	就 취	而 이	住 주	薩 살
地 지	入 입	際 제	不 불	不 불	此 차	從 종
菩 보	海 해	而 이	可 가	作 작	地 지	第 제
薩 살	以 이	不 불	思 사	證 증	能 능	六 륙
亦 역	善 선	作 작	議 의	故 고	念 념	地 지

復如是乘波羅蜜船行實際
부여시승바라밀선행실제

海以願力故而不證滅
해이원력고이불증멸

佛子此菩薩得如是三昧
불자차보살득여시삼매

智力以大方便雖示現生死
지력이대방편수시현생사

而恒住涅槃雖眷屬圍遶而
이항주열반수권속위요이

常樂遠離雖以願力三界受
상락원리수이원력삼계수

生而不爲世法所染雖常寂
생이불위세법소염수상적

間 간	不 불	現 현	而 이	聞 문	不 불	滅
而 이	捨 사	行 행	示 시	辟 벽	燒 소	以 이
常 상	佛 불	魔 마	住 주	支 지	雖 수	方 방
行 행	法 법	法 법	魔 마	佛 불	隨 수	便 편
一 일	雖 수	雖 수	境 경	地 지	順 순	力 력
切 체	示 시	示 시	界 계	雖 수	佛 불	而 이
出 출	隨 수	同 동	雖 수	得 득	智 지	還 환
世 세	順 순	外 외	超 초	佛 불	而 이	熾 치
間 간	一 일	道 도	魔 마	境 경	示 시	然 연
法 법	切 체	行 행	道 도	界 계	入 입	雖 수
所 소	世 세	而 이	而 이	藏 장	聲 성	然 연

住 주		所 소	非 비	樓 루	天 천	有 유
遠 원	佛 불	有 유	人 인	羅 라	龍 룡	一 일
行 행	子 자	者 자	帝 제	緊 긴	夜 야	切 체
地 지	菩 보	而 이	釋 석	那 나	叉 차	莊 장
以 이	薩 살	不 불	梵 범	羅 라	乾 건	嚴 엄
願 원	成 성	捨 사	王 왕	摩 마	闥 달	之 지
力 력	就 취	離 리	四 사	睺 후	婆 바	事 사
故 고	如 여	樂 락	天 천	羅 라	阿 아	出 출
得 득	是 시	法 법	王 왕	伽 가	修 수	過 과
見 견	智 지	之 지	等 등	人 인	羅 라	一 일
多 다	慧 혜	心 심	之 지	及 급	迦 가	切 체

佛所謂見多百佛乃至見多
불소위견다백불내지견다

百千億那由他佛於彼佛所
백천억나유타불어피불소

以廣大心增勝心供養恭敬
이광대심증승심공양공경

尊重讚歎衣服飮食臥具醫
존중찬탄의복음식와구의

藥一切資生悉以奉施亦以
약일체자생실이봉시역이

供養一切衆僧以此善根迴
공양일체중승이차선근회

向阿耨多羅三藐三菩提復
향아뇩다라삼먁삼보리부

사경의 공덕은 십만억 부처님께 공양한 것과 같은 공덕이 있습니다.

千 천	生 생	所 소	爲 위	修 수	獲 획	於 어
億 억	法 법	有 유	如 여	行 행	如 여	佛 불
那 나	忍 인	問 문	來 래	於 어	實 실	所 소
由 유	淸 청	難 난	之 지	諸 제	三 삼	恭 공
他 타	淨 정	無 무	所 소	佛 불	昧 매	敬 경
劫 겁	如 여	能 능	讚 찬	所 소	智 지	聽 청
所 소	是 시	退 퇴	喜 희	護 호	慧 혜	法 법
有 유	經 경	屈 굴	一 일	持 지	光 광	聞 문
善 선	無 무	利 리	切 체	正 정	明 명	已 이
根 근	量 량	益 익	二 이	法 법	隨 수	受 수
轉 전	百 백	衆 중	乘 승	常 상	順 순	持 지

사경의 공덕은 십만억 부처님께 공양한 것과 같은 공덕이 있습니다.

更增勝譬如眞金以衆妙寶
갱 증 승 비 여 진 금 이 중 묘 보

間錯莊嚴轉更增勝倍益光
간 착 장 엄 전 갱 증 승 배 익 광

明餘莊嚴具所不能及菩薩
명 여 장 엄 구 소 불 능 급 보 살

住此第七地所有善根亦復
주 차 제 칠 지 소 유 선 근 역 부

如是以方便慧力轉更明淨
여 시 이 방 편 혜 력 전 갱 명 정

非是二乘之所能及
비 시 이 승 지 소 능 급

佛子譬如日光星月等光
불 자 비 여 일 광 성 월 등 광

無能及者閻浮提地所有泥
무능급자염부제지소유니

潦悉能乾竭此遠行地菩薩
료실능건갈차원행지보살

亦復如是一切二乘無有能
역부여시일체이승무유능

及悉能乾竭一切衆生諸惑
급실능건갈일체중생제혹

泥潦
니료

此菩薩十波羅蜜中方便
차보살십바라밀중방편

波羅蜜偏多餘非不行但隨
바라밀변다여비불행단수

力(력) 隨(수) 分(분) 佛(불) 子(자) 是(시) 名(명) 略(략) 說(설) 菩(보) 薩(살)
摩(마) 訶(하) 薩(살) 第(제) 七(칠) 遠(원) 行(행) 地(지)
菩(보) 薩(살) 住(주) 此(차) 地(지) 多(다) 作(작) 自(자) 在(재) 天(천)
王(왕) 善(선) 爲(위) 衆(중) 生(생) 說(설) 證(증) 智(지) 法(법) 令(령) 其(기)
證(증) 入(입) 布(보) 施(시) 愛(애) 語(어) 利(리) 行(행) 同(동) 事(사) 如(여)
是(시) 一(일) 切(체) 諸(제) 所(소) 作(작) 業(업) 皆(개) 不(불) 離(리) 念(념)
佛(불) 乃(내) 至(지) 不(불) 離(리) 念(념) 具(구) 足(족) 一(일) 切(체) 種(종)

一(일)切(체)智(지)智(지)復(부)作(작)是(시)念(념)我(아)當(당)於(어)
一(일)切(체)衆(중)生(생)中(중)爲(위)首(수)爲(위)勝(승)乃(내)至(지)
爲(위)一(일)切(체)智(지)智(지)依(의)止(지)者(자)此(차)菩(보)薩(살)
若(약)發(발)勤(근)精(정)進(진)於(어)一(일)念(념)頃(경)得(득)百(백)
千(천)億(억)那(나)由(유)他(타)三(삼)昧(매)乃(내)至(지)示(시)現(현)
百(백)千(천)億(억)那(나)由(유)他(타)菩(보)薩(살)以(이)爲(위)眷(권)
屬(속)若(약)以(이)菩(보)薩(살)殊(수)勝(승)願(원)力(력)自(자)在(재)

示現過於此數乃至百千億
시현과어차수내지백천억

那由他劫不能數知
나유타겁불능수지

爾時金剛藏菩薩欲重宣
이시금강장보살욕중선

其義而說頌曰
기의이설송왈

第一義智三昧道
제일의지삼매도

六地修行心滿足
육지수행심만족

卽時成就方便慧
즉시성취방편혜

菩薩以此入七地
보살이차입칠지

雖明三脫起慈悲
수명삼탈기자비

雖等如來勤供佛
수등여래근공불

雖觀於空集福德
수관어공집복덕

菩薩以此昇七地
보살이차승칠지

遠離三界而莊嚴
원리삼계이장엄

滅除惑火而起焰
멸제혹화이기염

觀 관	智 지	入 입	達 달	解 해	了 요	知 지
察 찰	者 자	於 어	聲 성	身 신	刹 찰	法 법
此 차	以 이	一 일	性 성	不 부	皆 개	無 무
法 법	此 차	念 념	離 리	動 동	空 공	二 이
得 득	昇 승	事 사	善 선	具 구	樂 락	勤 근
明 명	七 칠	各 각	開 개	諸 제	嚴 엄	作 작
了 료	地 지	別 별	演 연	相 상	土 토	業 업

廣爲群迷興利益
광위군미흥리익

入衆生界無有邊
입중생계무유변

佛教化業亦無量
불교화업역무량

國土諸法與劫數
국토제법여겁수

解欲心行悉能入
해욕심행실능입

說三乘法亦無限
설삼승법역무한

如是教化諸群生
여시교화제군생

菩薩勤求最勝道
보살근구최승도

動息不捨方便慧
동식불사방편혜

一一迴向佛菩提
일일회향불보리

念念成就波羅蜜
염념성취바라밀

發心迴向是布施
발심회향시보시

滅惑爲戒不害忍
멸혹위계불해인

求善無厭斯進策
구선무염사진책

於道不動卽修禪 (어도부동즉수선)
忍受無生名般若 (인수무생명반야)
迴向方便希求願 (회향방편희구원)
無能摧力善了智 (무능최력선료지)
如是一切皆成滿 (여시일체개성만)
初地攀緣功德滿 (초지반연공덕만)
二地離垢三諍息 (이지리구삼쟁식)

四地入道五順行
사지입도오순행

第六無生智光照
제육무생지광조

七住菩提功德滿
칠주보리공덕만

種種大願皆具足
종종대원개구족

以是能令八地中
이시능령팔지중

一切所作咸清淨
일체소작함청정

此地難過智乃超
차지난과지내초

譬如世界二中間
비여세계이중간

亦如聖王無染著
역여성왕무염착

然未名爲總超度
연미명위총초도

若住第八智地中
약주제팔지지중

爾乃踰於心境界
이내유어심경계

如梵觀世超人位
여범관세초인위

如蓮處水無染著
여련처수무염착

此地雖超諸惑衆 (차지수초제혹중)
不名有惑非無惑 (불명유혹비무혹)
以無煩惱於中行 (이무번뇌어중행)
而求佛智心未足 (이구불지심미족)
世間所有衆技藝 (세간소유중기예)
經書辭論普明了 (경서사론보명료)
禪定三昧及神通 (선정삼매급신통)

如是修行悉成就 (여시수행실성취)
菩薩修成七住道 (보살수성칠주도)
超過一切二乘行 (초과일체이승행)
初地願成此由智 (초지원성차유지)
譬如王子力具足 (비여왕자력구족)
成就甚深仍進道 (성취심심잉진도)
心心寂滅不取證 (심심적멸불취증)

譬如乘船入海中 (비여승선입해중)
在水不爲水所溺 (재수불위수소닉)
方便慧行功德具 (방편혜행공덕구)
一切世間無能了 (일체세간무능료)
供養多佛心益明 (공양다불심익명)
如以妙寶莊嚴金 (여이묘보장엄금)
此地菩薩智最明 (차지보살지최명)

如日舒光竭愛水
여일서광갈애수

又作自在天中主
우작자재천중주

化導群生修正智
화도군생수정지

若以勇猛精勤力
약이용맹정근력

獲多三昧見多佛
획다삼매견다불

百千億數那由他
백천억수나유타

願力自在復過是
원력자재부과시

此 차 是 시 菩 보 薩 살 遠 원 行 행 地 지

方 방 便 편 智 지 慧 혜 清 청 淨 정 道 도

一 일 切 체 世 세 間 간 天 천 及 급 人 인

聲 성 聞 문 獨 독 覺 각 無 무 能 능 知 지

發 願 文

귀의 삼보하옵고

거룩하신 부처님께 발원하옵나이다.

주 소 : ____________________

전 화 : ____________ 불 명 : ____________ 성 명 : ____________

불기 25 ______ 년 ______ 월 ______ 일